एक अकेला पेड़

और अन्य कविताएँ

चनप्रीत सिंह

Writersgram
Publications

एक अकेला पेड़ और अन्य कविताएँ

Poetry by Chanpreet Singh
Illustrations by Chanpreet Singh

First Impression: September 2020
© Chanpreet Singh

ISBN: 979-8-3306-1102-7

Published by: Writersgram Publications, New Delhi

www.writersgram.com
publications@writersgram.com

Maximum Retail Price: ₹ 225 (*for sale in India*)
$ 9.99 (*for sale outside India*)

Chanpreet Singh asserts the moral right to be identified as the author of this book.

All rights reserved. No part of this publication may be reproduced, stored in or introduced into a retrieval system or transmitted, in any form, or by any means (electrical, mechanical, photocopying, recording or otherwise) without the prior written permission of the publisher. Any person who does any unauthorized act in relation to this publication may be liable to criminal prosecution and civil claims for damages.

The poetry in this book is based on author's personal views and is a work of fiction. Unless otherwise indicated, all the names, characters, businesses, places, events and incidents in this book are either the product of the author's imagination or used in a fictitious manner. Any resemblance to actual persons, living or dead, or actual events is purely coincidental.

10% of the Author's profits from the proceeds of this book
are used by the author to make charitable contributions
towards providing books and educational means to
underprivileged children in India and abroad.

एक अकेला पेड़ चनप्रीत की इक्कीस कविताओं का संग्रहणीय संकलन है। सरल सुबोध भाषा शैली में सजायी गयी यह एक अनुपम कृति है। अपनी कविताओं से वह सहज ही यह प्रभाव उत्पन्न करते हैं कि उनमें कोई प्रज्वलित सत्य छिपा हुआ है जो बाहर आना चाहता है।

मुझे लगता है कि चनप्रीत के मत अनुसार सबसे बड़ी कला वह है जो हमारे भीतर सोई हुई इच्छा शक्ति को जगा कर उसे कार्य की ओर प्रेरित करती है, तथा हम में चेतना भरकर हमें वीरता पूर्वक जीवन की कठिनाइयों का सामना करने को तैयार करती है। मैं अपने पुत्र, इस कवि की दिल से आभारी हूँ जिसने मुझे मेरे जीवन की संध्या बेला में कविता लिखने को प्रेरित किया।

- मेहरवान कौर

प्राक्कथन

जो तूने किया माँ

वह क्या कोई कर पाएगा

पैंतीस वर्ष हुए तुझे गए पर

तेरा प्यार इस धड़कन के साथ ही अब जाएगा...

- माँ (मेहरवान कौर)

माँ के विषय में लिखी यह पंक्तियाँ उस पंजाबी कविता से हैं जो मेरी माँ

ने अपनी माँ को याद करते हुए कुछ महीने पहले लिखी है।

अपने विवाह के पश्चात मेरी माँ के समय और ध्यान का केंद्र उसका परिवार ही रहा है। न जानें कितनी बार उसने अपने ख़्वाबों और अरमानों को भीतर दबा कर सिर्फ़ अपने परिवार की सेवा की है। उसने आख़िरी बार कलम शायद ३५ वर्ष पहले उठाई थी। शायद वह अपनी रची कविताओं को अपने बचपन की यादों के साथ मायके में ही छोड़ आयी थी। मुझे यक़ीन है कि कविता रस मुझे अपनी माँ की देन है।

क्या हुआ जो अगर,

तेरी दी यह आँखें,

दृष्टिकोण तो बनाया

उस माँ ने अनूठा।

क्या हुआ जो अगर,

तेरा दिया यह दिल,

बंधा था उसके दूध से,

इन साँसों का खूँटा।

क्या हुआ जो अगर,

रची तूने यह धरती,

पर माँ ने पाला यह पेड़,

और उसी का तो बूटा।

सफलता में जितना योगदान हुनर और परिश्रम का होता है, उतना ही आत्मविश्वास का भी। आपके आस-पास का माहौल जैसे कि परिवार, दोस्त और करीबी रिश्तेदार आपका हौंसला बढ़ा कर आपके आत्मविश्वास को और मज़बूत बना सकते हैं या फिर नकार कर उसे अत्यधिक हानि भी पहुँचा सकते हैं। शायद इसी लिए संगत का चुनाव महत्वपूर्ण माना जाता है। इस विषय में मैं बहुत भाग्यशाली रहा हूँ। इस कविता माला की शुरुआत मैंने २ वर्ष पहले की थी। तब से मेरे परिवार और करीबी मित्रों ने निरंतर मेरा हौंसला बढ़ाया है। इसके लिए मैं उनका हृदय से आभारी हूँ। इन २ वर्षों में मेरे लिए सबसे ज़्यादा ख़ुशी की बात यह रही कि कविताओं के सुनते-सुनाते मेरी माँ ने लिखना फिर से शुरू कर दिया है। क्या पेड़ का बीज ही वापिस पेड़ को जनम नहीं देता ?

इस माला की शुरुआत एक नाटक के पूर्वाभ्यास के दौरान हुई जिसमें मैं एक मूल किरदार निभा रहा था। फिर एक से दो, दो से तीन और तीन से चार करते कविता लिखने और सुनाने का सिलसिला नियमित रूप से चल पड़ा। इस माला में मैंने २१ कविताएँ, उनसे सम्बंधित कुछ गद्य

और चित्र शामिल किए हैं। अब कला किसी भी रूप में हो - कहानी, कविता, आकृति, चित्र, संगीत या फिर गीत - वह समय और आस-पास के समाज को कलाकार के दृष्टिकोण से दर्शा सकती है। मेरी रचनाएँ भी शायद कुछ ऐसा करें। आख़िर मैं भी तो इस समाज का ही हिस्सा हूँ। पर मेरा मक़सद किसी को उपदेश देना नहीं हैं। मैं तो केवल कविता का रस लेते अपनी बात कहता हूँ।

मुझे इन कविताओं को लिखने में बहुत आनंद आया है। मुझे आशा है कि आपको इन्हें पढ़ने में वैसा ही आनंद प्राप्त होगा।

- चनप्रीत सिंह

क्रमांक

पेड़ों में जान तो होती है पर ज़ुबान नहीं। सोचता हूँ
जो अगर ज़ुबान होती, तो क्या हम उनकी चीख़ों के
कारण बहरे न हो चुके होते?

अगर हम सही नीयत रखें, तो प्रकृति के बेज़ुबान होते
भी शायद उसके दर्द को सुन सकें।

एक अकेला पेड़

एक अकेला पेड़ हूँ,

भूमि तल पर खड़ा हुआ,

फल टहनी सब हरना चाहें,

रहता अक्सर डरा हुआ।

नहीं हमेशा था अकेला,

था जंगल से घिरा हुआ,

खड़े थे साथी हाथ पकड़,

मेरा परिवार था भरा हुआ।

था मेरे ऊपर भी साया,

मेरा घर भी बसा हुआ,

अब बिन जंगल रहूँ अकेला,

खुले मैदान में फँसा हुआ।

फलीभूत भी होता था मैं,

मेरा तना भी तना हुआ,

अब तो सूखीं लटकी टहनी,

फल-फूल सब फ़ना हुआ।

मिलता था मुझको भी पानी,

बरखा नहाते बड़ा हुआ,

अब तो रहता बूँद से वंचित,

प्यासी धरती में गड़ा हुआ।

थे कभी आकाश में बादल,

वायुमंडल कुछ भरा हुआ,

अब तो केवल तपता सूरज,

तापमान भी बड़ा हुआ।

मेरे कंधे भी चहकें पक्षी,

मुकुट घोंसलों से सजा हुआ,

साल दर साल बढ़ती नस्लें,

जीवन जीवन से रजा हुआ।

मेरी डाल था लटका झूला,

बाल गोपियों से लदा हुआ,

अब डालें भी मुश्किल सम्भलें,

अंग अंग से जुदा हुआ।

रात जुगनू चमकता था मैं,

चेहरा चाँदनी से ढका हुआ,

अब तो अंधेरे खोता इज़्ज़त,

बलात्कारियों से थका हुआ।

नहीं लूटते तुम मेरी आबरूह,

तुम तो खोते अपनी हया!

मेरा क़त्ल तो ख़ुदकुशी है,

क्यूँ देते हो ख़ुद को सज़ा?

एक अकेला पेड़ हूँ,

जाने कब तक खड़ा हुआ,

सोचूँ अब तो प्राण त्याग दूँ,

जानें किस उम्मीद अड़ा हुआ।

हम सब में कुछ न कुछ कमज़ोरियाँ और कमियाँ हैं।
पर मेरे लिए यह कोई ख़ास बात नहीं। आख़िर मैं
भी इसमें बख़ूबी शामिल हूँ। दिलचस्प बात तो यह
है कि हम इन कमियों के बावजूद अपने मक़सद की
ओर कैसे बढ़ते हैं।

एक परिंदा

एक परिंदा बिन परों का
चला भरने ऊँची उड़ान,
बौरा बौरा फिरता बौरा,
बादल छूना उसका अरमान।

बड़े झुंड का छोटा पक्षी,
बड़ा जिगरा नन्हीं जान,
दौड़ा दौड़ा तेज़ दौड़ा,
देखना चाहे पूरा जहान।

कैसे करेगा पूरी इच्छा,
पूछते साथी रोज़ सवाल,
रोता रोता भीतर रोता,
कोई न समझा उसका हाल।

सागर किनारे दीन घोंसला,

जहाँ से देखे खुला आकाश,

सोता सोता निर्जन सोता,

बुनता सपने और अभिलाष।

करता कैसे सपना पूरा,

बिन परों के कहाँ उड़ान,

खोता खोता रोज़ खोता,

झुंड के बीच अपना स्थान।

एक प्रभात आया ख्याल,

बदलना होगा सोच विचार।

सोचा सोचा अविरत सोचा,

"बिना पंख पर नहीं लाचार।"

"आसमान छूने के लिए,

ज़रूरी नहीं भरूँ उड़ान।"

खोजा खोजा उसने खोजा,

"चाहिए मुझे ऊँचा पहाड़।"

मन में भरा उमंग जज़्बा,

करना पूरा कठिन अभियान,

चलता चलता निरंतर चला,

लेकर हथेली अपनी जान।

"मेरा सपना तो मेरा रास्ता",

सोचा निंदक हैं बेकाम।

छूटा छूटा फिर वह छूटा,

आलोचकों से मिला आराम।

मिला आख़िर ऊँचा पहाड़,

सोचे, "कैसे चढ़ूँ चढ़ायी?"

डरता डरता थोड़ा डरा,

पहली बार देखी ऊँचाई।

फिर हुआ सपना सिमरन,

नील गगन को करता याद,

चढ़ता चढ़ता ऊपर चढ़ा,

पाने मंज़िल होने आज़ाद।

पहुँचा चोटी चूमा बादल,

देखा नीचे खुला मैदान,

चींखा चींखा उसने चींखा,

"अब मेरा घोंसला सारा जहान ।"

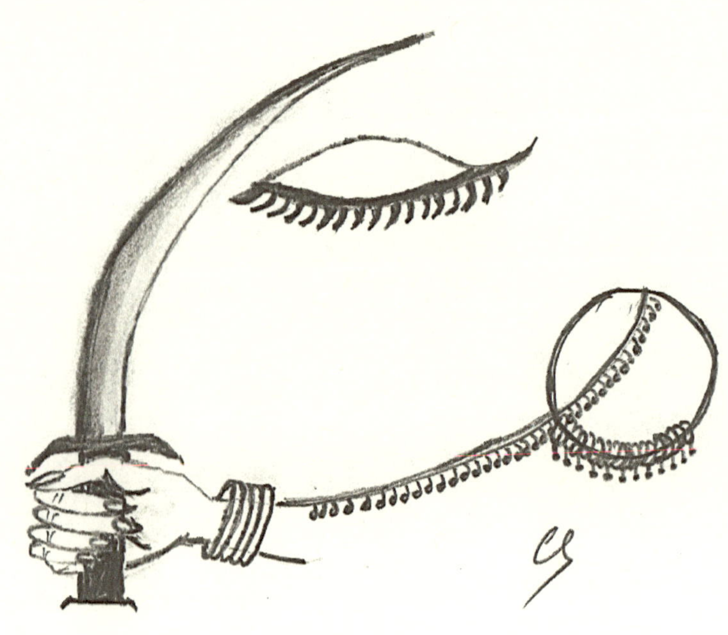

हर साल केवल भारत में ही न जाने कितने बलात्कार रिपोर्ट किए जाते हैं। और न जाने कितनी वारदातें तो बयान भी नहीं की जाती होंगी। पर क्या समस्या बलात्कार है? क्या वह हमारे समाज में नारी के प्रति सोच का एक परिणाम नहीं?

कहते हैं कि एक समाज के चरित्र की पहचान उसकी नारी की दशा देख कर की जा सकती है। तो क्या हमें अपने चरित्र की चिंता नहीं? या फिर हम अपनी दृष्टि ही खो बैठे हैं?

कौर

सहेगी ख़ामोश कब तक
ज़ालिम का अत्याचार,
चींख, निकाल बाहर
भीतर दबी दहाड़।

ढूँढेगी तो मिलेगा
तेरा छिपा वजूद,
रिश्तों की भीड़ में
तू ही है मौजूद।

लांघ जाए जब कोई
मर्यादाओं की सीमा,
पाप है जुल्म सहना
और आँसुओं को पीना।

निरंतर जब ले कोई

सब्र का इम्तिहान,

मरने से पहले बचा ले

मर रहा स्वाभिमान ।

करे जो कपट कोई,

थोपे अपने विचार,

बचा अपनी आज़ादी

रोक मानसिक बलात्कार ।

समझे जो कोई तुझको

सजावट मात्र वस्तु,

महसूस कर ले भीतर

झिंझोड़े तेरी रूह ।

लूट रहा जब कोई

इज़्ज़त और सम्मान,

याद कर ले है तू

गुरु गोबिंद की संतान ।

कर अब साहस थोड़ा,

उठा ले अब तलवार,

टिकी हैं नज़रें तुझ पर,

सुन नारी की ललकार।

सहेगी आख़िर कब तक

अब ख़ुदा करे पुकार,

बन जा निडर शेरनी

दिखा अपनी चिंघाड़।

मेरे पास सिर्फ़ दो ही रास्ते हैं। एक कविता लिखना

और दूसरा न लिखना। दूसरे रास्ते के लिए मेरे पास

बहुत से बहाने हैं। पर पहले के लिए मेरे पास एक

उत्तम कारण है, आपसे बात करने का आनंद।

जो अगर मैंने दूसरा रास्ता चुना होता, तो क्या हम

इस तरह आपस में बात कर रहे होते?

न और मुल्तवी

और करेगा कितना आख़िर मुल्तवी?
खींच निकाल बाहर, अंदर छिपा कवि।

कर न तू परवाह अगर न मिलें लफ़्ज़,
शब्दावली से हीन तू अकेला नहीं शख़्स,
तजुरबों के बीज से उगा सोच नवी,
खींच निकाल बाहर, अंदर छिपा कवि।

चख़ कर तो देख भीतर भरी मिठास,
उगल आज कलम से खटकती खटास,
बदलती भावनाओं का स्वाद तो ले कभी,
खींच निकाल बाहर, अंदर छिपा कवि।

हवा बहती शायरी, ले तो खुल कर साँस,

पानी बहता संगीत, बुझा ले अंतर प्यास,

देख दिखेगी कुदरत की सौंदर्य भरी छवि,

खींच निकाल बाहर, अंदर छिपा कवि।

माना लिखने के लिए थोड़ा चाहिए सबर,

सबर का फल मीठा, दुनिया करेगी कदर,

दम निकलने के बाद भी याद करेंगे सभी,

खींच निकाल बाहर, अंदर छिपा कवि।

कर अनुभव थोड़ा कोरे काग़ज़ की आज़ादी,

दिखेगा असल इश्क़ हो स्याही कलम की शादी,

कर ले साझा थोड़ी कहानियाँ अनकही,

खींच निकाल बाहर, अंदर छिपा कवि।

क्या हुआ जो अगर जीवन नहीं महान,

सरल रहन भी करती ख़ूबसूरती बयान,

कहानी तो कहानी है, क्या ग़लत क्या सही,

खींच निकाल बाहर, अंदर छिपा कवि।

कर थोड़ा साहस, छोड़ शंका पीछे,

रौशनी के लिए चाहिए खुले किवाड़ दरीचे।

बंद जो अगर आँखें, क्या किरण क्या रवि,

खींच निकाल बाहर, अंदर छिपा कवि।

और करेगा कितना आख़िर मुल्तवी

खींच निकाल बाहर, अंदर छिपा कवि।

आज भी दुनिया में किसी न किसी विभेदन के कारण हम बाँटे जाते हैं। अब चाहे वह मज़हब हो, जाति, रंग, संस्कृति, मान्यताएँ या कोई और मापदंड।

क्या यह सब विविधताएँ ही हमारे संसार को सुंदर नहीं बनाती हैं? यह कैसे तय हो सकता है कि कोई एक श्रेणी दूसरी से महान है? क्या इन श्रेणियाँ को हमनें अपनी सुविधा के लिए खुद ही नहीं बनाया है?

मैं अनन्य हूँ

हाँ मैं कुछ अलग हूँ
इसलिए अनन्य हूँ!

मेरा रंग नहीं सफ़ेद
मैं काला, मुझ में विभेद

मेरा रूप नहीं ईसाई
मैं मुस्लिम, मानूँ रब रायी

मैं नामर्द, न पुरुष
मैं नारी, मुझमें दोष

मैं निर्धन, नहीं अमीर
पैदा ग़रीब और फ़क़ीर

मैं जनता, नहीं सियासी

मैं सिपाही तभी साहसी।

हाँ मैं अलग, नहीं सामान।

जो मैं हूँ

तो विविध यह जहान!

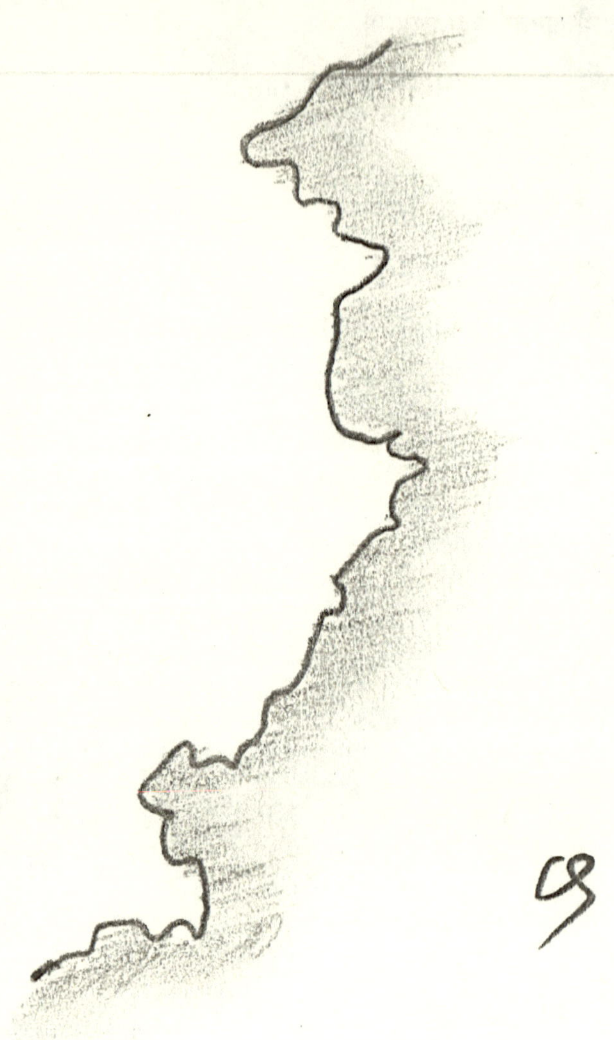

बँटवारा

मैं हिन्दू,

तू मुसलमान,

हम दोनों ने खोया ईमान,

मज़हब तो सिर्फ़ बहाना था, क्या मक़सद स्वार्थ को पाना था ?

मैं प्रार्थना,

तू नमाज़,

नीयत एक, अलग अल्फ़ाज़,

दुआ नहीं दिखावा था, जब बहता लहू चढ़ावा था।

मैं मंदिर,

तू मस्जिद,

करें वह साबित जो सिद्ध,

सुमिरन करना फ़िज़ूल था, जब हत्या करना क़ुबूल था।

तू ईद,

मैं होली,

पर्वों पर हो हमजोली,

खीर खाना मलाल था, जब गुलाल का रंग लाल था।

तू हिजाब,

मैं साड़ी,

तेरी हया, मैं संस्कारी,

इज़्ज़त शब्द बेकार था, जब सिर चढ़ा बलात्कार था।

मैं भारत,

तू पाकिस्तान,

पहले देश बाद में जान,

कश्मीर तो सिर्फ़ बहाना था, क्या लक्ष्य हुकूमत जमाना था ?

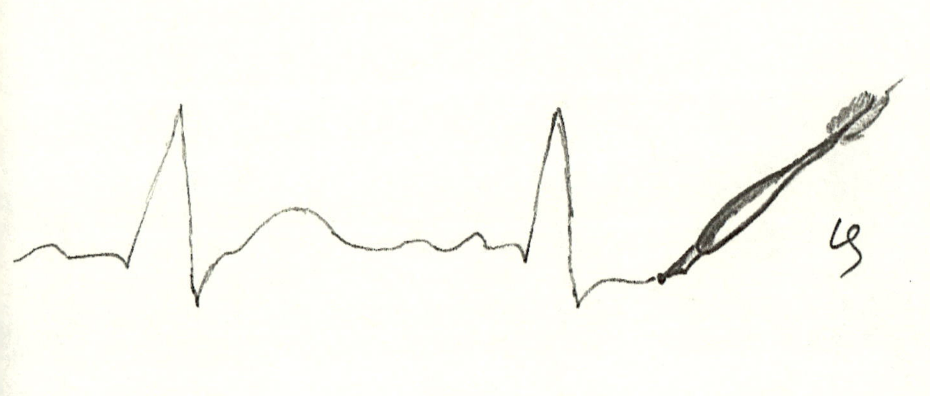

मेरी धड़कन एक कलम की मोहताज है। न जाने कब

स्याही ख़त्म हो जाए…

क्या जीवन जैसे कथा?

मेरी कहानी तेरे किस्से,
इस फ़साने के कई हिस्से।

मेरी कथा का मैं नायक,
तेरी का तू,
रोमांचित हों तब
जब दोनों रूबरू।

मैं ढूँढता अपने लक्ष्य,
तू अपनी मंज़िल,
कभी अलग रास्ते,
कभी जाते मिल।

हर रोज़ हैं जुड़ते
अलग अलग किरदार,
कुछ बैरी कुछ अजनबी,
कुछ बनते हैं यार।

मेरे संकट तेरी समस्या,
सब ढूँढें उपाय,
इस छत्ते के इर्द गिर्द
जीव कथा मँडराए।

कुछ उबाऊ कुछ मनोहर,
कथा के कई पक्ष,
नाटक की लम्बाई
जितनी खुदा बख्श।

हर दिन बनता नया खंड,
हर पल अध्याय,
कभी कलम हो अपने हाथ
और कभी पराए।

कभी अनदेखा कभी दिखाऊ,

कहानी का विस्तार,

शायद मौजूद मिलना मुश्किल

पर कथा का सार।

कुछ पाप कुछ पुण्य,

हर नायक के कर्म,

सही ग़लत के फ़ैसलों में

ख़त्म हो जाती चरम।

कुछ विगत कुछ भावी,

कथा पर कई बोझ,

काल जाल में जारी रहे

हाज़िर दम की खोज।

ढूँढे बाहर जो भीतर,

कथा का खलनायक,

जीवनी में वही वीर बने जो

मन विजय में लायक़।

कथा सरल, नहीं मुश्किल,

अगर बदल सकें दृष्टि,

जो नीयत साफ़ और जज़्बा,

साथ चलती सृष्टि।

मेरी कहानी कुछ किस्से,

बाक़ी हैं अभी कई हिस्से।

कुछ अक्षरों से बनते हैं शब्द और शब्दों से बन जाती
हैं पंक्तियाँ। पर यह अक्षर और शब्द कैसे आए और
अपने साथ यह पंक्तियाँ कहाँ से लाए?

इन पंक्तियों में अनुप्रास कौन लाया और कैसे इनमें
वर्णन और अर्थ समाया? इन बँटे अक्षरों को साथ
रहना किसने सिखाया और इनमें कविता बनने का
साहस कहाँ से आया?

कविता तू कौन है?

कविता तू कौन है?

अटपटे शब्दों का खिलखिलाता खेल?
या बदलती भावनाओं का बिखरा सा मेल?
कविता तू कौन है?

वज़नी विचारों की हल्की वाणी?
या साधारण किस्सों की गहरी कहानी?
कविता तू कौन है?

सागर की ओर दौड़ता पानी?
या शांत झील जो है बिन रवानी?
कविता तू कौन है?

ऊँचे पहाड़ की असम्भव चढ़ाई?

या शिखर से दिखती हुई गहरी खाई?

कविता तू कौन है?

सिपाही के ख़ून का ख़ालिस कतरा?

या किसी की आबरु पर मँडराता ख़तरा?

कविता तू कौन है?

प्रेरणा देती साहस की गाथा?

या संघर्ष और सफलता का अटूट नाता?

कविता तू कौन है?

इश्क़ में डूबी शराब का घूँट?

या टूटी वह दोस्ती जो थी अटूट?

कविता तू कौन है?

माँ और बच्चे का रूहानी रिश्ता?

या विवाहित सम्बंध जो मुश्किल है निभता?

कविता तू कौन है?

जीवन से पहले या जीवन के बाद?
रहन का फल या उसकी बुनियाद?
कविता तू कौन है?

शब्दों में जो बदले ज़िंदगी के साज़?
या जीवन के संगीत का छुपा हुआ राज़?
कविता तू कौन है?

कविता तू आख़िर कौन है?

ख़ुद ही को पूछे यह कठिन सवाल,
फँसी बैठी चंगुल में बुनकर यह जाल।
चल कर ले कोशिश, तेरा ही खेल,
अपने बनाए नियम अब ख़ुद ही झेल!

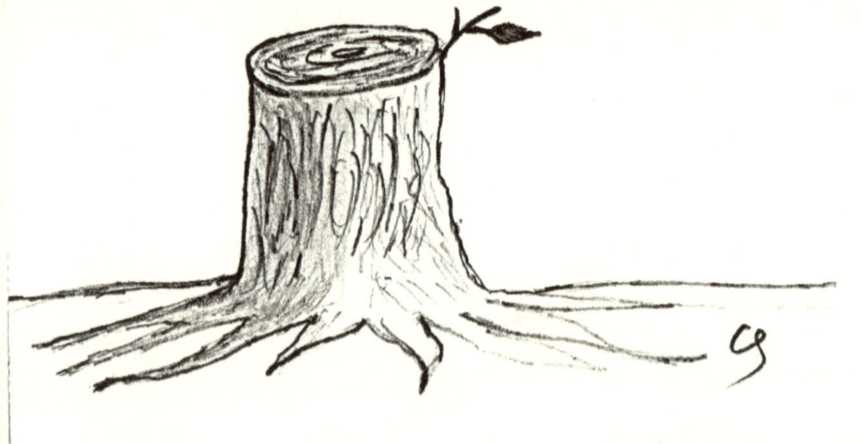

यह एक तथ्य है कि पिछली दो सदियों में किए गए

औद्योगिकरन, पूंजीवाद नीतियों और अन्य कारणों से

हमनें अत्याधिक मात्रा में वायुमंडल में कार्बन बढ़ाया

है। अब चाहे हम हो रहे जलवायु परिवर्तन को एक

गम्भीर समस्या मानें या नहीं, क्या हमें अपने आप से

यह सवाल नहीं पूछना चाहिए कि प्रकृति को लगातार

नष्ट करने का हक़ हमें किसने दिया? क्या यह सवाल

हमें आने वाली पीढ़ियाँ नहीं पूछेंगी?

दरख़्त

कर रहे नज़रंदाज़, बीत रहा वक़्त,
समय रहते बचा लो यह कटते दरख़्त।

अगर धरती जन्म दाता, तो पेड़ पालनहार।
जो पेड़ ही न हों तो कैसे दिखे बहार?
यही साये बचाएँ जब सूर्य होता सख़्त,
समय रहते बचा लो यह कटते दरख़्त।

जीवन की निराशा में प्रेरणा के प्रतीक,
अटल करें संघर्ष चाहे मौसम हो विपरीत,
चाहे गँवा दे सारे पत्ते जड़ें रहें सशक्त,
समय रहते बचा लो यह कटते दरख़्त।

मानवता को सिखाते कई सारे सबक़,

जड़ों को कर गहरा अगर लम्बा चाहिए क़द,

फलों को लुटाना सींच पसीना रक्त,

समय रहते बचा लो यह कटते दरख़्त।

जिस भूमि को करें ग्रहण मिट्टी बने सोना,

बारीख बीज का वृक्ष बने जैसे जादू टोना,

अद्भुत अनोखी ऐसी बनावट, मुश्किल करना व्यक्त,

समय रहते बचा लो यह कटते दरख़्त।

कैसी सुंदर बनावट, ग़ज़ब रोचक आकार,

वायु जल से खेलें जब स्वर्ग हो साकार,

हर इंद्री को स्पर्श करें, आनंद ज़बरदस्त,

समय रहते बचा लो यह कटते दरख़्त।

बाढ़ सूखे को रोकने वाले प्रभु के अवतार,

साँसें इनकी रुक जाएँ तो सब जंतु निस्तार,

मानवता को छोड़ सब प्राणी इनके भक्त,

समय रहते बचा लो यह कटते दरख़्त।

कुदरत की चिल्लाहट, माँ की झिंझोड़ती चींखें,

नष्ट होती देख रहे फिर भी नहीं सीखें,

उसकी लाठी में आवाज़ नहीं पर होती है सख़्त,

समय रहते बचा लो यह कटते दरख़्त।

कर रहे नज़रंदाज़, बीत गया है वक़्त,

समय रहते बचा लो यह कटते दरख़्त।

मेरा यह मानना है कि हम सब के भीतर किसी न किसी कला का हुनर और लगाव दोनों मौजूद होते हैं। कुछ लोगों को अपना हुनर जल्दी समझ में आता है और कुछ को देर से। कुछ को दोनों साथ मिल जाते हैं और कुछ को अलग अलग समय पर। हम में से कुछ लोग ऐसे भी हैं जिन्हें शायद अपने भीतर इन्हें ढूँढने का मौक़ा ही नहीं मिलता।

कला बड़ी या कलाकार?

एक सखी ने छेड़ा विचार,

कला बड़ी या कलाकार?

जब सुनता हूँ राग और उनपर सजे गीत,

कभी मन बैराग, कभी होता शीत।

गीत कितना गायक?

या गायक खुद संगीत?

जब देखूँ रंग और उनसे बने चित्र,

जटिल सरल आकारों में नज़रिया लगे विचित्र।

क्या चित्र दर्शाति हक़ीक़त?

या छविकार का चरित्र?

करूँ साक्षी अभिनय और उसमें भरे भाव,

कुछ भावनाएँ कुरेदते, कुछ भरते घाव।

क्या अदाकर होते मोहक?

या किरदार करें प्रभाव?

पढ़ूँ जब आलेख और भीतर बहती रवानी,

कुछ बीती निराशा, कुछ आशाओं की वाणी।

क्या हो लेखक से बातचीत?

या पढ़ता हूँ कहानी?

एक सखी का अनोखा विचार,

कला बड़ी या कलाकार?

न कला बड़ी न कलाकार, न दोनों विपरीत,

क्या न छूते तब रूह को जब दोनों की हो प्रीत?

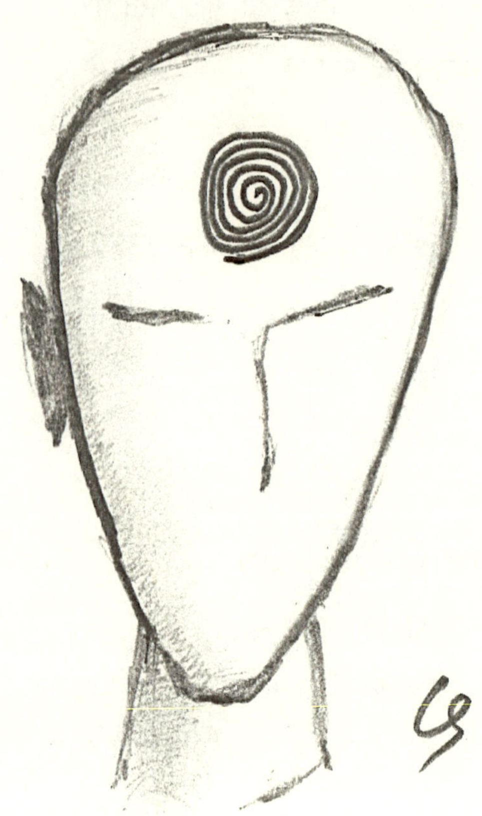

कहते हैं जो अपना इतिहास भूल जाते हैं वह अक्सर
उसे दोहराते हैं। पर ज्ञान के होने और उसका पालन
करने में बहुत अंतर है। मेरे एक गुरु अक्सर कहा
करते थे की 'ज्ञान होते हुए उसका पालन न करना
मानो ज्ञान न होने के बराबर है'। जैसे खाना परोस
कर सामने रख लेना और फिर पेट भरने की उम्मीद
करना।

अनन्तर

कहाँ से आया है?
कहाँ को जाएगा?
अतीत के भीतर ही भविष्य पाएगा।

जो देखते नहीं पीछे क्या बढ़ते वह आगे?
क्या भटकते नहीं वह जो अतीत से भागे?
पुरानी यादों पर ही यादें बनाएगा,
अतीत के भीतर ही भविष्य पाएगा।

क्या करते नहीं ग़लतियाँ इंसान सभी?
पूर्णता भरा शख़्स क्या पैदा हुआ कभी?
भूल जा सफलता जो ग़लतियाँ दोहराएगा,
अतीत के भीतर ही भविष्य पाएगा।

करते जो नज़रंदाज़ साहित्य के पाठ,

क्या बना पाते वह वर्तमान से गाँठ?

कहानियों के रास्ते ही मंज़िल जाएगा,

अतीत के भीतर ही भविष्य पाएगा।

खोजते हैं जो ख़ज़ाना-ए-अनन्तर,

सफलता की ओर बढ़ते वह निरन्तर,

सोने चाँदी की भीड़ में हीरा कहलाएगा,

अतीत के भीतर ही भविष्य पाएगा।

भूतकाल पर ही टिका तेरा वर्तमान,

बीते कर्मों पर ही आज का सम्मान,

न देगा यादें तो बेग़ैरत कहलाएगा,

अतीत के भीतर ही भविष्य पाएगा।

कहाँ था तू कल?

कहाँ होगा कल?

बीते पलों की पूँजी को साथ लेता चल,

कहीं गँवा दिया मौक़ा तो बहुत पछताएगा,

बस आता होगा दम जब खुदा नज़र आएगा।

कभी कभी भोजन करते समय लगता था जैसे परोसे

पकवान कुछ कहना चाह रहे हैं। फिर एक दिन ध्यान

लगा कर सुनने की कोशिश करी तो समझ में आया

कि वह मेरा ज़ायक़ा बढ़ाने को तत्पर थे।

मैं इन सुंदर और स्वादिष्ट पकवानों का आभारी हूँ।

थाली से बातचीत

निभाते रोज़ाना भोजन की रीत,
हो जाती अक्सर थाली से बातचीत।

लड़ते झगड़ते परोसे पकवान,
कौन बने सम्राट, व्यंजनों की शान?

कहता है पापड़, "पहले मेरी बारी।
कड़क दंश है मेरी, करूँ भूख जारी?"

खीरे की तर्क, प्याज़ का संवाद,
भिड़े जब टमाटर, फिर कहती सलाद,
"खाना मुझे हर ग़ुस्से के बाद,
रखूँगी संतुलित मुँह का स्वाद।"

फिर कहती रोटी, "अब तो मुझे तोड़ो,

पकवानों की भीड़ में यूँ अकेला न छोड़ो।

टुकड़ों में बाँटो तो सब्ज़ियाँ मेरी दोस्त,

रुमाली भी बनजाऊँ, लपेट लूँ गोश्त।"

इतराती है दाल, "मुझमें भरे नवरतन,

भीतर केसर इलाइची, ऊपर मक्खन।

पहुँची हूँ थाली करके अनेक जतन,

घंटों जली हांडी, तब बनी कुंदन।"

सिमटी पड़ी चुपचाप हैदराबादी बिरयानी,

जानती अपनी क्षमता, ज़ायक़ेदार सयानी।

पल पल देती ख़ुशबू, करती है नादानी,

पेट भरने को काफ़ी, शौकीनों की रानी।

छुपती दिखती भटकी, लम्बी मिर्च तीखी,

"मुझे चखने की नज़ाकत क्या तुमने सीखी?"

"समझो न मुझे सलाद", चिल्ला चिल्ला चींखी,

"मुझे खाने का राज़, चबाने की बारीकी।"

रोती है बेचारी सब्ज़ी भरी भिंडी,

"मेरा निवाला बनाओ, मैं भी होती ठंडी।

मुझमें बहुत से गुण फिर भी नहीं घमंडी!

मैंने भी झेला तड़का और अग्नि प्रचंडी।"

शांत देखे रायता थाली की बहस,

जो अगर फैल गया, थाली तहस नहस।

छुपाए अंदर बैठा बूंदी का रहस्य,

"मस्तिष्क को ठंडक दूँगा, चख भर लो महज़।"

फिर पूछे लड्डू, "अब कितना इंतज़ार?

खीर से पहले मुझे खाओ, परवरदिगार।

छिपाए बैठा हूँ अंदर मिठास की बहार,

जो खाओ एक दफ़ा माँगोगे बार बार।"

फिर मैं भी बोलूँ,

"काहे करते झगड़ा, क्यूँ देते हो गाली?

मिलकर जब परोसे, तब कहलाते थाली।

बाद खाऊँ या पहले, झगड़े का न हल,

चाहे जैसा ज़ायक़ा, आख़िर बनोगे मल।"

निभाते रोज़ाना भोजन की रीत,

होती है अक्सर थाली से बातचीत।

ऐसा क्यूँ होता है कि जब हम बाल अवस्था में होते

हैं तो लगता है बस एक बार पाठशाला से पास हो

जाएँ फिर आराम ही आराम होगा? फिर महाविद्यालय

की पढ़ाई आती है तो लगता है बस एक बार डिग्री

मिल जाए फिर नौकरी कर के आराम से अपनी

तमन्नाएँ पूरी करेंगे।

लेकिन फिर नौकरी मिलने के बाद पाँच दिन काम

और दो दिन घर गृहस्थी क्यूँ न करने देती आराम?

बस इस सारिणी से जूझते क्यूँ निकलता अपना

वर्तमान?

इतवार का इंतज़ार

ज़हन में दौड़े हर पल विचार,
जाने कब आएगा दिन-ए-इतवार।

आते ही सोम
बरसे है काम,
अविलंब सब कुछ
प्राणत्व हराम,
मांसिक संतुलन मुश्किल बरक़रार,
जाने कब आएगा दिन-ए-इतवार।

लेकर अपने चंगुल

 फिर आता मंगल,

  सुबह मंदिर हाज़री

   शाम घरेलू दंगल,

दो दिन के भीतर ही बनते लाचार,

जाने कब आएगा दिन-ए-इतवार।

बुद्धू बनाने

 फिर आता है बुध,

  हारता सा लगता

   सारिणी से युद्ध।

इच्छाओं की पूरती फिर होती नाकार,

जाने कब आएगा दिन-ए-इतवार।

बृहस्पति को लगे

 बनेंगे सफल वीर,

  कर्तव्य पर देते

   मंसूबों को चीर,

सपनों को करूँ आख़िर कैसे साकार,

जाने कब आएगा दिन-ए-इतवार।

आते ही शुक्र
करूँ धन्यवाद,
आज हो शायद
तमन्नाओं से संवाद।
रोज़ी की ज़रूरत पर देती है मार,
जाने कब आएगा दिन-ए-इतवार।

शनिचर की छुट्टी
फिर होती है आधी,
गृहस्थी, बीवी,
बच्चे इत्यादि,
शाम शराब से फिर मिलती है हार,
जाने कब आएगा दिन-ए-इतवार।

उम्मीद की किरण
फिर लाए रवि,
कर सकूँगा पूरी
आकांक्षाएँ सभी,
नींद से लोटते सप्ताह से थक हार,
जाने कब निकलता दिन-ए-इतवार।

फिर आता सोम लेकर विचार,

जियूँगा जीवन दिन-ए-इतवार।

बचपन का घर उस गमले की तरह है जिसमें एक नन्हीं सी नाज़ुक कली धीरे-धीरे फूल बनती है। अब उस गमले में चाहे पानी कम हो या ज़्यादा, मिट्टी में उर्वरता हो या नहीं, धूप मिले या छाँव, उस कली के मन में गमले के लिए ख़ास स्थान तो होगा ही। इसका रूप प्रेम हो सकता है या नफ़रत या फिर दोनों का मिश्रण। मेरे लिए तो ज़्यादा प्रेम ही है।

बी ४४

लाल दरवाज़ा, टूटी दीवार,
सालों से उठाती छत का भार,
बरामदे के कोने में गमले कुल चार,
सूखे पौधे करें जल की पुकार।

बरामदे के पीछे लम्बी दालान,
दालान में लटकती ज़ंगाली किरपान,
कुछ संभला कुछ बिखरा पुराना सामान,
दादा की तस्वीर बढ़ाती है शान।

बायीं ओर बैठक ऊपर लगा चित्र,
ख़ूब होती गपशप जब आते मित्र,
सामने बड़ा शीशा लगता अनोखा,
लगे कमरा चौगुना, देता है धोखा।

मकान की ख़ासियत पाँच गुसलखाने,

जब पानी आता चल देते नहाने!

छ: बड़ी अलमारियाँ और अनगिनत खानें,

तीन विशाल बिस्तर, मुलायम सिरहाने।

घर की असल ख़ूबी पुरानी रसोई,

एल.पी.जी का लाल सिलेंडर सुलगाता लोई,

परनाले में दरार जिससे रिसता पानी,

हर कोने में छेद, चूहों की कारस्तानी।

पीछे गोल जीना पहुँचाए ऊपरी मुँडेर,

जहाँ आती थी धूप सर्दी में हर सवेर,

मुँडेर की छत पर लगता तत्तियों का ढेर,

सामने सूखी टहनी, साथ विशाल पेड़।

ऊपर दूसरी मंज़िल आधा चाय गोदाम,

हर कोने में बिखरे कुछ काजू-बादाम,

बीच छोटा गुरुद्वारा जहाँ लेते हम नाम,

मकान की स्थिरता मज़बूती उसी का परिणाम।

एक कमरे में रद्दी, दूसरे भरा कबाड़,

सफ़ाई करना मुश्किल, आसान चढ़ना पहाड़।

अक्सर जमती काई हर बरसाती आषाढ़,

पर मंज़िल ही बचाती जब आती थी बाढ़।

गिरता हर घड़ी चूना न कराते मरम्मत,

कभी आलस कभी पैसा कभी मिलता नहीं वक़्त।

दो मंज़िल छ: कमरे साथ बड़ी छत,

चार पिद्दे प्राणी जगह ज़बरदस्त।

रंग बिरंगे पड़ोसी मोहल्ला ठसाठस,

कभी बक बक, कभी झगड़ा, बकैती सर्कस,

किससे बतियाएँ, किससे छिपाएँ, रहता असमंजस,

मेहरा और जैनी के बीच मकान गया फँस।

छत पर बाँस की झोंपड़ी और ऊपर तिरपाल,

साथ मगरमच्छ वाला झूला जबड़ा विशाल,

पिता ने बनवाया शौक से जब बरसता था माल,

धूप बरसात न झेल सके तो हुआ बुरा हाल।

सत्तर में बनवाया, पाले दो ख़ानदान,

दृढ़ खड़ा अब तक सहन मौसम के इम्तिहान।

बचपन की छाया, वह हमारा जहान,

छोटी-छोटी यादों का बड़ा सा मकान।

कुछ लोग ऐसे होते हैं कि चाहे उनका व्यवहार और ढंग आपके नाक में दम कर देता हो, आप उनके तौर तरीक़ों से आश्चर्यचकित रहते हैं। मुझे बचपन से ऐसी एक शख़्सियत से रूबरू होने का मौक़ा मिला है। यह व्यक्ति आज भी मुझे हर रोज़ हैरत में छोड़ देता है।

क्या आपके जीवन में भी कोई ऐसा शख़्स है?

सरदार जी चाय वाले

मोटी तोंद, दाढ़ी सुनहरी,

खुजाते सर, क्यूँ सोच है गहरी?

चलते सरपट बाबू शहरी,

नज़र सतर्क जैसे गिलहरी।

सुबह होते ही चलते गाने,

नाश्ता बाहर करने के सौ बहाने,

डाँट बग़ैर न जाते नहाने,

प्राणी अनोखे, भगवान ही जानें।

स्वभाव चटपटा, बातें अनगुनी,

नाक पर गुस्सा जैसे अग्नि,

बात न मानों तो करते अनबनी,

वहम हैं करते मंगल और शनि।

उम्र है इकसठ, हरकतें सत्तरवी,

चाहे बचकाने पर असूलों भरी छवि,

ईमानदार झुझारू रखते सोच नवी,

तभी न चाहते भी तारीफ़ करे यह कवि।

रखते तजुरबा, व्यापारी पुराने,

खारी बावली इनका लोहा माने,

बादाम, ज़ीरा या साबुत दाने,

बाज़ार से पहले हैं भाव जानें।

सेठ अमृत्सरी, पहनते पठानी,

बीवी के लिए कंजूस पर कहें सेठानी,

रोज़ जाते शीश गंज, पढ़ते बानी,

फिर भी पीते शराब बेधड़क बिना पानी।

कम हैं जानें दुनियादारी

फिर भी समझदार जी,

प्यार से कहलायें पप्पू

या बूढ़े दारजी,

खारी बावली में जाने मानें

चाय वाले सरदारजी।

मुझसे पहले औरों ने भी लिखने के बारे में लिखा है।
औरों ने भी आँखें बंद करके इस जहान को देखा है।

लिखना अक्सर मुझे अपनी आज़ादी का एहसास करवाता है। लगता है जैसे हाथ में कलम नहीं, मेरी अपनी लगाम हो और भीतर स्याही नहीं रगों में तेज़ी से दौड़ते अरमान हों।

हठ

सोचता हूँ ख्याल
न मिलते अल्फ़ाज़,
फिर भी लिखने से न आऊँ मैं बाज़।

करता जिस दिन क़िस्से की शुरुआत,
बैठता हूँ सवेरे और हो जाती रात,
कहलाता निकम्मा, न काम न काज,
फिर भी लिखने से न आऊँ मैं बाज़।

न भावनाओं का अभिव्यक्त, अधूरे जज़्बात,
न व्याकरण की समझ, न शब्दों का साथ,
न स्वाँग का ज्ञान, न नाटकीय अन्दाज़,
फिर भी लिखने से न आऊँ मैं बाज़।

क्या सोचना आसान और लिखना कठिन?

लिखता हूँ कभी-कभी पर सोचूँ हर दिन।

मुश्किल को झेलूँ तो कहलाऊँ जाँबाज़,

तभी तो लिखने से न आऊँ मैं बाज़।

लिख जाता जिस दिन एक और अध्याय,

चींखते हैं मित्र, "क्यूँ ऐसा अन्याय?"

मुझे तो हर पंक्ति लगती नया साज़,

तभी तो लिखने से न आऊँ मैं बाज़।

जब लिखने को अक्षर उठाता कलम,

चिल्लाते हैं पाठक, "न करो ऐसा ज़ुल्म।"

पर लेखक आलोच्बकों का न करते लिहाज़,

तभी तो लिखने से न आऊँ मैं बाज़।

कहानियाँ अधूरी न क्रिस्से न किरदार,

फिर भी उम्मीद रहे लिखूँगा असरदार,

वर्णन की इच्छा करूँ कैसे नज़रंदाज़,

तभी तो लिखने से न आऊँ मैं बाज़।

करता हूँ कोशिश बने कविता रसीली,

ख़रीदें किताब लोग, करें जेब ढीली,

कुछ क़ाबिल कवि करें मुझ पर भी नाज़,

तभी तो लिखने से न आऊँ मैं बाज़।

सूखे ख़ाली काग़ज़ को जब छूती है स्याही,

जैसे भूखे को खाना, मरीज़ को दवाई।

काले अक्षर का बल जो खोले छुपे राज़,

तभी तो लिखने से न आऊँ मैं बाज़।

लिखना नहीं कहना यह तो ख़ुद को सुनना,

यादों के धागों से दृष्टिकोण का बुनना।

सम्भावनाओं को त्याग दूँ ऐसा नहीं मिजाज़,

तभी तो लिखने से न आऊँ मैं बाज़।

लिखना नहीं प्रतिभा यह तो अभ्यास,

आत्म अभिव्यक्ति से होता उत्कर्ष का आभास।

बिन परिश्रम न बना कोई लेखक सरताज,

तभी तो लिखने से न आऊँ मैं बाज़।

लिखना नहीं कला न यह विज्ञान,

यह तो मानवता को प्रभु का वरदान,

कैसे न अपनाऊँ यह आज़ादी स्वराज,

तभी तो लिखने से न आऊँ मैं बाज़।

सोचता हूँ ख्याल

कुछ मिलते अल्फ़ाज़,

आख़िर लिखने से कैसे आऊँ मैं बाज़।

क्या आपको भी अक्सर ऐसा लगता है कि आप

अपनी क्षमता से न्याय नहीं कर पाते? और क्या

लगता है कि प्राप्त की गई सफलता कहीं न कहीं

आपके हुनर के अनुरूप नहीं है?

मुझे भी...

क्षमता से जंग

करता हूँ क्षमता से रोज़ एक जंग,
मध्यमता दर्जे से आ गया अब तंग।

उठता हूँ सवेरे ले उम्मीद-ए-ख्याल,
सुलझाऊँगा आज हर बड़ा सवाल,
पर छोटे-छोटे मसले छोड़ते नहीं संग,
मध्यमता दर्जे से आ गया अब तंग।

नहाते मुख पड़ती पानी की बौछार,
शरीर भीतर होता उत्तेजना का प्रहार,
पर स्नान ख़त्म होता उत्साह कुछ भंग,
मध्यमता दर्जे से आ गया अब तंग।

दफ़्तर जाकर करता कार्य की शुरुआत,

लगे हर चुनौती को दे दूँगा मात,

शिथिलता पर दिखाती रोज़ नए रंग,

मध्यमता दर्जे से आ गया अब तंग।

पहनता जब पगड़ी दिखता हूँ सरदार,

झाँकूँ जब भीतर दिखे विभव भंडार,

संभावनाएँ पर माँगती परिश्रम दबंग,

मध्यमता दर्जे से आ गया अब तंग।

सर उठा जब देखूँ खुला आसमान,

चाहूँ दो पंख भरूँ ऊँची उड़ान,

मेरी उड़ानें अधूरी, डोर बंधी पतंग,

मध्यमता दर्जे से आ गया अब तंग।

दे थोड़ी प्रेरणा मेरा भी व्यवहार,

मेरी वाणी भी लाए जीवन में बहार,

पर प्रेरणादायी आचरण माँगे चरित्र मलँग,

मध्यमता दर्जे से आ गया अब तंग।

मैं भी चाहूँ जज़्बा और योग्यता संघर्ष,

छोड़ रायज को पीछे मिले उत्कर्ष,

अहम को त्याग सकूँ इतना नहीं प्रचंड,

मध्यमता दर्जे से आ गया अब तंग।

करता हूँ क्षमता से रोज़ नई जंग,

मध्यमता दर्जे से आ गया अब तंग।

मोहल्ले के बाहर था हमारा छोटा सा एक अड्डा, होते
थे अक्सर जहाँ कुछ यार इकट्ठा। यह वह जगह थी
जहाँ मैंने अपने सपनों का ज़िक्र दोस्तों से पहली बार
किया था।

खन्ना की दुकान

पुरानी पटल पर
घिसा हुआ फट्टा,
ऊपर मर्तबान
भीतर काला खट्टा।

साथ कुछ शीशियाँ
जिनमें भरी टॉफ़ी,
ऊपर चिपकी चिप्पी
प्राचीनकाल की छापी।

पीछे नाज़ुक लटकती
दीमकी सी तख़्तियाँ,
दरमियान उनके दिखें
रेंगती हुई चींटियाँ।

दिखे जितनी सजावट

उतना ही सामान,

पीछे पड़ा ख़ाली

सालों से गोदाम।

छत पर धीमे घूमे

जंगाला हुआ पंखा,

कब सर गिर पड़े

रहती हर दम शंका।

गोलक के ऊपर सजा

शिवजी का चित्र,

मैल भरी दुकान का

अकेला स्थान पवित्र।

पटल के पीछे बैठे

बुजुर्ग चाचा खन्ना,

महँगी परचून बेचने की

रखते वह तमन्ना।

बालों लगी मेहंदी
मुँह में कत्था पान,
वानर जैसे लगते
ऐनक सम्भालते कान।

एक हाथ में रेडियो
दूसरे पकड़ी झाड़न,
रहते हर वक़्त गुस्सा
बिना किसी कारण।

चावल से लेकर दालें
मिलता आटा शक्कर,
मिलता साबुन झाड़ू
गुणवत्ता चाहे बत्तर।

बाहर लगीं लम्बी
बन्टा बोतल की कतार,
जिसके कारण चलता
खन्ना का व्यापार।

अपनी असली लालच

होती संतरी टॉफ़ी,

ख़ुशी भरी मिठास के लिए

चिल्लढ़ होती काफ़ी।

श्याम लगती महफ़िल

होते इकट्ठा यार,

जेब ख़र्च को जोड़ कर

बनाते रुपए चार।

फिर ख़रीदते कुल्फ़ियाँ

मिल बाँट कर खाते,

उड़ाते खन्ना का मज़ाक़

लगाते हम ठहाके।

थी मोहल्ले के बाहर

कोने की दुकान,

जहाँ मिलता था ज़रूरी

परचून का सामान।

अजीबोग़रीब छोटी पर
मोहल्ले का अभिमान,
याद अक्सर आती है
खन्ना की दुकान।

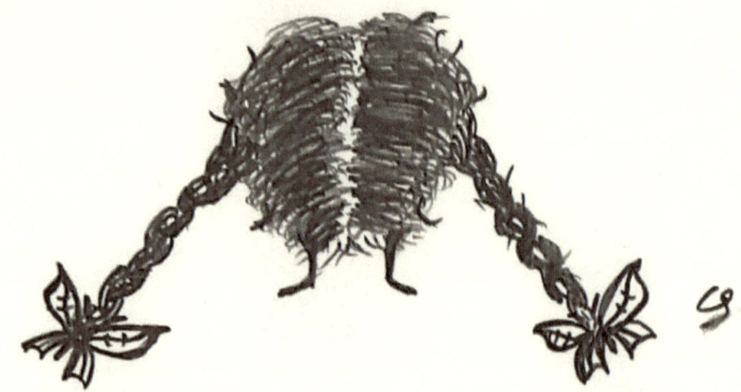

वीरजी...

अपनी प्यारी सी आवाज़ में जब मेरी छोटी बहन इस नाम से पुकारती, मुझे अपने दुबले आकार के बावजूद बलशाली होने का एहसास होता था। उस नन्हीं सी उँगली को हथेली में थामते ही लगता था शायद मुझमें भी ज़िम्मेदार होने की क़ाबिलियत छुपी है।

तितली

चपटी नाक और गोरी चमड़ी,

नाज़ुक बनावट लड़की तगड़ी,

माँ की लाडली बाप की बिगड़ी,

घर की लक्ष्मी दिलाती दमड़ी।

बुद्धिमान जीव, होशियारों में होशियार,

एक सवाल के देती जवाब चार,

बदसूरत दुनिया में सौंदर्य का सार,

माँगती हज़ार चीज़ें पर चाहती सिर्फ़ प्यार।

आख़िरी वारिस सत्तासी में टपकी,

भाई से लड़ती और देती धमकी,

आवाज़ है मीठी अल्फ़ाज़ कुछ नमकीन,

जो करें इससे बहस हो जाते सनकी।

आज़ाद सोच और रचनात्मक नज़र,

रखती वेशभूषा की नवीनतम ख़बर,

रस्सी भी पहन ले तो लगे ज़ेवर,

नज़ाकत से भरी दिखाए तेवर।

अंग्रेज़ी की माहिर और पढ़ने में तेज़,

काम न हो पसंद तो मेहनत से परहेज़,

एकाग्र हो जिस दिन बन जाए चंगेज़,

क़िस्मत की धनी जन्म से परवेज़।

भावनाओं से नाज़ुक और इरादों से मज़बूत,

आए जब गुस्सा याद दिलाती यमदूत,

चरित्र उतना सुंदर जितना की स्वरूप,

अनोखी बनावट, भगवान की करतूत।

हँसी की कच्ची, व्यंग्य करे पसंद,

न खाती लंगर सिवाय गुरुद्वारा सरहंद,

सब ज़रूरी कामों के करती है प्रबंध,

न करती कभी देर समय की पाबंद।

आषाढ़ में आयी एक ठंडी सहर,

दुखों के सागर में ख़ुशी की लहर,

शांत दरिया से निकली चुलबुली नहर,

खिलखिलाए जिस घड़ी समय जाता ठहर।

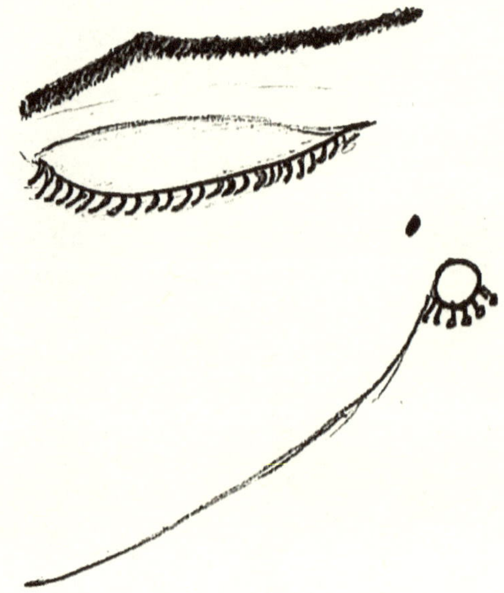

मेरी माँ दुनिया में सबसे अच्छा खाना बनाती है !

यह दावा आप भी अपनी माँ के लिए शायद इतने
ही यक़ीन से कर सकते हैं। आश्चर्य की बात है कि
यह दोनों बातें आपस में विरोधात्मक नहीं हैं।

माँ के हाथ के पराँठे

इतवार दोपहर हो अपनी भोर,

बिस्तर बुलाए अपनी ओर,

पिता की डांट भी न आए काम,

रविवार की छुट्टी का ऐसा आराम।

चाय की तलब या शौच की माँग,

तय करना मुश्किल समय ऊट-पटांग,

शरीर है करता नींद की और माँग,

लगता है जैसे पी रखी भाँग।

फिर आती माँ की प्यारी पुकार,

"बनाती हूँ पराँठा, साथ आम का अचार!"

उठता फिर सरपट, होती नींद छूमंतर,

उछलते हैं चूहे पेट में भयंकर।

रसोई का नज़ारा दिखता अनोखा,

मक्खन की ख़ुशबू, घी का झरोखा,

उठता है धुआँ, गरमा गरम तवा,

पराँठों की चाहत फिर नींद करती हवा।

आटे में आलू, आलू में मिर्ची,

कढ़ाई में गजरेला, गजरेले में कलछी,

अदरक में मूली, मूली में प्याज़,

परोसती माँ प्यार से पकवान यह ख़ास।

घूमें फिर तवे पर, आकार कुछ गोल,

पिघलता उसपर मक्खन, दृश्य अनमोल।

बढ़ती जब आँच, मुँह टपके पानी,

रविवार की गाथा, पराँठे की कहानी।

मलाई पढ़ती कम, दही होती ख़त्म,

न भरता पेट ऐसा स्वाद का सितम,

फिर आती लस्सी डालने अपना क़हर,

पीते ही सोने की तैयारी अगले प्रहर।

माँ के पराँठे करें काम तमाम,
रविवार तो बना है करने आराम।

इतवार की दोपहर ही हो जाती रात,
नींद फिर खुलती सोमवार प्रभात।

मौत को अक्सर दुःख माना जाता है। पर मौत अगर दुःख नहीं है तो सुख भी नहीं। इस चल रहे सपने और हक़ीक़त के बीच सिर्फ़ एक ही पल का तो फ़ासला है। क्या मौत का पल ही वह पल नहीं जिसके असल मायने हैं? तो फिर क्यूँ हम उस पल की कल्पना से घबराते हैं? न चाहते भी इस पल ने कभी न कभी तो आना ही है।

आख़िरी दम

मौत का वह क़ीमती पल न जाने कैसा होगा?

दम के घुटते हुए क्या मिलेगी एक साँस?

दर्द होगा या सुख वह मौत का एहसास?

सिल्ली एक बर्फ़ की

या उगलता अंगारा होगा?

मौत का वह पल न जाने कैसे गंवारा होगा?

डूबेंगे अंधेरे या होगा रौशनी का सामना?

ख़त्म होंगी इच्छाएँ या रहेगी जीवन की कामना?

याद आएँगी ख़ुशियाँ

या पापों का पछतावा होगा?

पहुँचेंगे मंज़िल या फिर एक भटकावा होगा?

क्या धीमी होती धड़कन लगेगी संगीत?

क्या शोरगुल से भरा चित्त होगा थोड़ा शीत?

क्या खून का रंग केसरी

या करमों सा कुछ काला होगा

और आँख से निकलता आँसू क्या अमृत का प्याला होगा?

क्या मौत होगा अंत या एक नई शुरुआत?

क्या जीवन पर मिली विजय या उससे खाई मात?

होगा अपनों से बिच्छोड़ा

या स्वयं से मिलाप?

मिलेगा जीवन को वरदान या तड़पाता हुआ शाप?

क्या पल आने से पहले रहूँगा मैं तैयार?

या चलते चलते चल पड़ेगी यह तेज़ तलवार?

क्या एक दर्दनाक घटना

या बस गहरी नींद सो जाना होगा?

दफ़्न हुई मिट्टी या जली राख़ बन जाना होगा?

ढूँढता हूँ शख़्स जो करे कुछ अनुभव बयान।

बता सकें जो अपनी कहानी उनमें कहाँ अब जान?

उस क़ीमती लम्हे का तजुर्बा

आख़िर ख़ुद ही को बतलाना होगा,

मौत का वह पल होगी एक कविता या कोई अफ़साना होगा?

इस किताब को यहाँ तक पढ़ने के लिए मैं आपका आभार व्यक्त करता हूँ। आपको यह किताब कैसी लगी, मुझे यहाँ लिखकर ज़रूर बताएँ और इसकी एक फोटो मुझे Instagram/ Facebook @virchanpreet या फ़िर vir.chanpreet@gmail.com पर भेजें!

____

____

____

____

____

____

____

____

____

____

____

www.ingramcontent.com/pod-product-compliance
Lightning Source LLC
Chambersburg PA
CBHW031736150726
47989CB00006B/2488